LES

PRÉLATS ESPAGNOLS.

LES
PRÉLATS ESPAGNOLS.

ÉPISODE DE L'INVASION DE 1814.

PAR

M. Mermet ainé,

AUTEUR DE L'HISTOIRE DE VIENNE.

LYON.

IMPRIMERIE TYPOGRAPHIQUE ET LITHOGRAPHIQUE

DE LOUIS PERRIN,

Rue d'Amboise, n. 6, quartier des Célestins.

1835.

LES

PRÉLATS ESPAGNOLS.

LE 20 MARS 1811.

Qu'il était beau ce mois de mars!!!....... Si vous étiez trop jeune pour en avoir conservé le souvenir, ah! Mademoiselle, que je vous porte envie! Si vous êtes trop vieille pour vous le rappeler, ah! Madame, que je vous plains!!!... A cette époque, j'étais à la fleur de l'âge... j'avais trente ans.... le plus bel âge pour un cavalier..... convenez-en ?

Que de choses grandes, petites, ignobles, merveilleuses ou toutes simples, nous avons vues depuis lors! combien de grands hommes sont morts! combien de grands hommes en herbe poussent à notre barbe (à présent je parle à nous autres barbons), et seront un jour nos maîtres, si Dieu et les événements leur prêtent vie et assistance!

Je voyageais en mars 1811... Je le répète, qu'il était beau, ce mois de mars, précurseur de la comète qui, par son influence, donna à nos vins des rives du Rhône ce parfum auquel rêvent encore les véritables gourmets!!!

Je voyageais, et cependant je n'étais pas commis voyageur. N'allez pas croire que je voyageasse pour mon plaisir : c'était, je vous le jure, bien par force.... Quoique escorté par la gendarmerie, je n'étais pas conscrit réfractaire, encore moins déserteur; mais j'allais peut-être travailler à en faire; car il est dans ce monde, et en France comme ailleurs, des individus timorés qui laisseraient volontiers guerroyer les autres... Chacun son goût; pour que tout allât bien, il serait à désirer que chacun pût suivre le sien.

En attendant cette heureuse époque qui ne saurait tarder, je vous raconterai, pour tuer le temps, que j'étais tout simplement secrétaire en chef de la sous-préfecture de Vienne.... C'était alors une *quasi*-dignité..... Le secrétaire en chef remplissait les fonctions du sous-préfet, lorsque celui-ci s'absentait, et dans les autres cas de vacance.... A force de faire précéder leurs signatures des mots : *le sous-préfet par intérim*, les secrétaires en chef se considéraient presque comme les égaux des titulaires, et beaucoup d'honorables maires de campagne n'hésitaient pas à les placer, dans leur opinion, en première ligne.

Une pareille entorse à la dignité administrative ne devait pas se tolérer sous la Restauration ; aussi, depuis lors, quand les sous-préfets s'absentent, sont-ils remplacés par des membres du conseil général ou du conseil d'arrondissement... Les remplaçants sont le plus souvent tout-à-fait étrangers à l'administration.... C'est égal..... Le secrétaire fait la besogne.... M. le Conseiller signe, et tout va bien.... Il arrive aussi que parfois tout va mal... C'est lorsque le sous-préfet postiche veut mettre la main à l'œuvre.... Mais qu'importe? l'honneur *sous-préfectorial* est conservé ; car, je vous le dirai en secret, il est bien plus honorable d'être remplacé par un conseiller d'arrondissement que par un secrétaire qui est au fait du travail, qui a la confiance de son chef, et qui la mérite.... Savez-vous pourquoi ? — Non. — Eh bien, consolez-vous, il n'y a pas un sous-préfet qui le sache.

N'allez pas vous impatienter de tous ces détails......... Je vous annonce que je suis d'un caractère prononcé, et que je suis peu facile à mener....... Laissez-vous donc conduire, surtout si je vous promets des chemins un peu moins mauvais que ceux qui existaient dans notre arrondissement en 1811.

Nous avions couché à Heyrieux le 19 mars, et le lendemain nous prîmes la route de Meyzieux, à travers cette plaine dite *de Lyon*, plaine si belle, si riche, et cependant si peu habitée. Nous étions à cheval, mais nous allions au pas; car nous avions à notre suite des sous-officiers de recrutement. C'est vous dire assez que nous étions en tournée de conscription. Notre cavalcade se composait du sous-préfet, de votre serviteur, d'un employé de la sous-préfecture, d'un médecin et de deux brigades de gendarmerie.... Tout le monde parlait du temps vraiment extraordinaire qui nous permettait d'être habillé à la légère. On se serait cru au mois de mai... De loin en loin, nous apercevions dans la plaine quelques laboureurs, quand tout-à-coup nous entendîmes un coup de canon tiré à Lyon... L'effet fut, pour ainsi dire, magique...... Cavalerie et infanterie, tout fit alte spontanément, et chacun de compter à haute voix les coups de canon qui se succédaient à de légers intervalles... Quand le vingt-unième coup eut été tiré, il n'y eut pas un cœur qui ne battît; au vingt-deuxième ce fut un enthousiasme général... Tous à la fois nous criâmes : *Vive l'empereur!!! Vive le roi de Rome!!!* C'était, en effet, la naissance du roi de Rome que le télégraphe venait de signaler à Lyon, et le canon alors si pacifique de cette riche cité répandait la grande nouvelle dans les campagnes environnantes.

Les cris de *vive l'empereur* nous accompagnèrent jusqu'à Meyzieux.... Partout la naissance de l'héritier de tant de gloire et de grandeur était connue...... Partout nous trouvâmes la joie à son comble.... Le tirage de la conscription fut une espèce de fête.... La brillante jeunesse du canton de Meyzieux, la plus belle, sans contredit, de tout notre arrondissement, était bouillante d'ardeur..... Qu'il était beau ce mois de mars!!! Qu'il paraissait promettre de siècles de paix, après tant d'années de guerre!! Combien de gens, jusqu'alors douteux, regardèrent la naissance du roi de Rome comme un gage certain de la durée de la nouvelle dynastie, et d'un repos après lequel il était bien permis de soupirer!!

Vous savez ce qui en arriva..... Vous savez aussi combien de gens affirment aujourd'hui que le despotisme de Napoléon fut la principale cause de la chute de l'empire... Pauvres gens qui ont oublié ou qui n'ont jamais connu la situation de la France, peu de temps avant le consulat, et qui peut-être seront convaincus trop tard que le despotisme a été et finira toujours par être la conséquence et la suite de l'anarchie!!

LES PRÉLATS ESPAGNOLS.

Parmi les actes d'une ambition démesurée dont on accuse l'empereur, un des plus saillants fut l'enlévement du pape Pie VII de la capitale du monde chrétien. Ce coup d'état eut lieu le 5 juillet 1809. Beaucoup de dignitaires de l'église furent conduits en France, à des époques plus ou moins rapprochées de ce grand événement; et parmi eux se trouvaient les seigneurs Gardoqui et Bardaxi d'Azara, prélats espagnols, tous les deux membres du tribunal supérieur de la Rote, et tous deux morts à Rome depuis peu d'années, après avoir été revêtus de la pourpre romaine.

Ils furent d'abord exilés à Grenoble; mais bientôt ils reçurent l'ordre de se rendre à Vienne. Ils arrivèrent un beau matin dans les bureaux de la Sous-Préfecture, pour m'annoncer qu'ils étaient prisonniers d'état, avec défense de sortir de la ville. Cette nouvelle me fut confirmée quelques jours plus tard par une dépêche de la préfecture, car alors je remplissais les fonctions de sous-préfet *par intérim*; mais, dans l'intervalle, j'eus tous les matins la visite des prélats et de leur suite. Je trouvais ce cérémonial fort ennuyeux, et je m'empressai de rendre, à mon tour, visite aux deux éminences, bien convaincu qu'elles m'assiégeraient tant que je n'aurais pas rempli ce devoir de politesse.... Qu'on juge de mon désappointement.... les visites de chaque matin n'en continuèrent pas moins, et ce fut enfin la dépêche du préfet qui me donna le mot de l'énigme.... Il était enjoint aux pauvres prélats de se présenter tous les matins dans les bureaux de la Sous-Préfecture!!! Ainsi l'hommage que je croyais rendu à ma personne, n'était autre chose qu'une obligation imposée aux malheureux exilés.

Fixé sur ce point important, je m'empressai de diminuer la rigueur de la consigne.... Les visites furent réduites à une par semaine... puis à une par mois.... Peu à peu je leur permis de sortir de la ville, et de faire quelques courses dans notre arrondissement. Il est inutile de dire que quand le sous-préfet en titre arriva, il approuva tout ce qui avait été fait, et étendit même le cercle des complaisances.

Quelle est la personne de mon âge qui, dans la belle saison, n'a pas rencontré, sur le chemin de Vienne à Notre-Dame-de-l'Ile, les prélats espagnols avec toute leur suite? car ils avaient secrétaires, aumôniers, trésoriers, camériers et plusieurs domestiques. Toujours honnêtes, toujours prévenants, saluant tout le monde, les pauvres exilés avaient fini par attirer sur eux la bienveillance générale.... Toute la population leur témoignait du respect et des égards.... Bientôt les maisons aisées leur furent ouvertes, et ils y étaient reçus avec le même empressement que s'ils eussent été de la famille.

Cependant la fatale expédition de Moscow avait été décidée. L'empereur avait quitté Paris le 9 mai 1812, et il était au delà de la Vistule le 6 juin. Le pape, au moment du départ de Napoléon, reçut l'injonction d'abandonner Savonne, où il résidait depuis le 16 août 1809; et il arriva à Fontainebleau le 19 juin 1812.

Chacun connaît les désastres de la campagne de Moscow. Un froid d'une rigueur inouïe vint flétrir des lauriers à l'ombre desquels nos guerriers se croyaient invincibles. A mesure que le moment de la catastrophe approchait, le gouvernement devenait plus ombrageux. Le trésorier du seigneur Bardaxi d'Azara disparut tout-à-coup. Il fut arrêté sur les frontières d'Espagne. Les pièces dont il était porteur, compromirent sans doute son maître; car le sous-préfet reçut du ministre de la police l'ordre de saisir tous les papiers de ce prélat, et de le faire conduire devant le préfet de l'Isère.

Je m'étais lié avec le seigneur Bardaxi d'Azara. Il était d'un caractère naturellement bienveillant. Je n'avais qu'à acquérir auprès d'un personnage éminemment instruit. Déja je travaillais à l'*Histoire de la ville de Vienne*, et j'avais réuni une foule de matériaux relatifs au sujet que je voulais traiter. Il prenait plaisir à les parcourir, et à m'aider de ses sages conseils. Quelques années plus tard, il me fit communiquer des documents historiques d'une haute importance; mais des considérations puissantes ne me permettent pas de m'expliquer plus clairement sur ces communications faites sous la promesse du secret, promesse dont je n'ai jamais été relevé.

Les ordres pour l'arrestation de M. d'Azara étaient cachetés, et ne devaient être ouverts qu'en présence de l'officier de gendarmerie, qui lui-même ne pouvait décacheter le paquet qu'il avait reçu qu'en l'assistance du sous-préfet. Nous fûmes tous désagréablement surpris, quand nous connûmes le contenu des dépêches ; mais il n'y avait pas à hésiter : il fallait procéder sans désemparer ; tel était l'ordre impératif du ministère.

Lors de l'apposition des scellés, il se passa une scène tout-à-fait imprévue. Je trouvai dans le tiroir d'une mauvaise table un cahier de papier écrit. Un prêtre déjà âgé qui remplissait les fonctions d'aumônier de Son Éminence, et qui s'appelait don Miquel, vint à moi d'un air piteux, et me dit en latin : *Domine, est confessio mea.* Le cahier portait effectivement sur la couverture le mot *confessio.* J'étais assez embarrassé, car outre M. Grassot, sous-préfet, dont l'approbation m'était assurée d'avance, et M. Perrussel, officier de gendarmerie, qui était un brave homme, il y avait un maréchal des logis que je ne connaissais pas, et dont par cette unique raison je me défiais, sans doute à tort... J'avais toujours le cahier à la main.... J'affectai de dire à plusieurs reprises, en ayant l'air de le parcourir... *Papier insignifiant... Livre des dépenses de la cuisine....* Nous passions dans un autre appartement; je formais l'arrière-garde, ayant sous le bras gauche les papiers déja saisis;

j'étais suivi par le malencontreux don Miquel, qui ne cessait de me dire : *Est confessio mea;* j'avais sa confession à la main droite, et je la tenais derrière le dos : mais le pauvre diable n'osa jamais s'en emparer, quoique j'agitasse le cahier de manière à lui faire comprendre qu'il fallait profiter de l'occasion. Voyant la maladresse de ce respectable ecclésiastique, je dépose sur une table placée dans la pièce où nous entrions les papiers saisis, et me retournant brusquement vers don Miquel, je le prends à travers le corps, je le rejette dans l'appartement que nous venions de quitter, en lui disant avec véhémence : *Monsieur, laissez-nous tranquilles; vous avez tort de nous suivre : nous n'avons nul besoin de vous....* Un coup d'œil que je n'ai jamais oublié, fut le seul remercîment de mon apparente brutalité.... Don Miquel tenait enfin sa confession.

M. Grassot, tout dévoué à l'empereur, était de mœurs fort douces; il fut étonné de ma vivacité; mais il se réserva de m'en parler en tête-à-tête. Il est inutile d'expliquer que, dans une affaire aussi grave, il lui fut assez difficile de tenir son sérieux, lorsqu'il connut l'histoire de la *confession*. Quant au seigneur Bardaxi d'Azara, son phlegme ne se démentit pas un instant. Ce ne fut que dans ses yeux que je reconnus un signe de mécontentement; mais j'étais fort tranquille sur ses suites.... L'opinion du bon Perrussel m'occupait assez peu. C'était un des beaux hommes de l'armée, brave militaire sans doute, mais rien de plus. Il commandait déjà la gendarmerie de notre arrondissement, lorsque l'empereur passa à Saint-Laurent-de-Mure, au retour de son couronnement comme roi d'Italie. Cet officier était à cheval vers la portière de la voiture impériale; Napoléon, frappé de sa bonne mine, qui vraiment était remarquable, abaissa les stores de son côté, et lui dit : « Lieutenant, serons-nous « bientôt à Lyon ? — *Sa Majesté*, lui répondit « *Perrussel, du train que nous vons, nous y* « *serons en moins de deux heures.* » L'empereur n'en demanda pas davantage.

Le seigneur Bardaxi d'Azara fut autorisé à se rendre à Grenoble, dans sa propre voiture, avec ce même maréchal-des-logis qui avait assisté à la mise des scellés sur les papiers, et à qui il fut permis dans cette circonstance d'endosser un habit bourgeois. L'aumônier don Miquel accompagna le prélat, envers lequel M. Grassot se conduisit avec une bienveillance d'autant plus grande que le sous-préfet désirait faire oublier les torts prétendus du secrétaire, sur lesquels aucune explication n'avait encore été donnée.

Tous ceux qui ont connu M. Fourier, préfet de l'Isère, savent qu'il n'était ni dans ses mœurs ni dans ses habitudes, d'agraver les mesures rigoureuses dont ses fonctions le forçaient quelquefois à faire l'application. Il faut donc présumer que les ordres du ministère étaient bien impératifs, ou qu'il fut tout-à-fait impossible à M. d'Azara de se justifier; car ce prélat fut renfermé dans la prison d'état de Pierre-Châtel, où son fidèle aumônier obtint, comme une grande faveur, de lui tenir compagnie.

LE 20 MARS 1814.

Dès la fin du mois de décembre 1813, les troupes alliées avaient traversé le Rhin sur le pont de Bâle, et s'étaient répandues dans l'Alsace, et dans une partie de la Franche-Comté.

Le 30 du même mois de décembre, Genève avait forcé la garnison française à se retirer, et cette ville fut occupée par un corps autrichien, sous les ordres du comte Bubna.

Ces tristes nouvelles parvinrent à Vienne le 1er janvier 1814. Personne ne reçut ni ne fit les visites du jour de l'an. Chacun ne songeait qu'au sort qui menaçait la patrie. Un grand prestige venait d'être détruit; car la masse des Français était persuadée que jamais l'étranger n'oserait franchir les limites naturelles de l'empire.

Cependant les troupes alliées n'avançaient qu'avec les plus grandes précautions. Le corps de Bubna avait fait des démonstrations jusque sur Lyon; des parlementaires furent même reçus dans cette ville; mais la masse de la population, qui les accompagna jusqu'à l'Hôtel-de-Ville, manifesta des intentions telles que le comte n'osa pas se hasarder dans cette riche cité avec la seule division qu'il commandait.

Le maréchal Augereau avait été envoyé à Lyon pour prendre le commandement des forces qui devaient s'y réunir. Je le vis quelques jours après à Vienne. Il prétendit que l'empereur s'était moqué de lui, et que toutes les troupes disponibles à Lyon consistaient dans la gendarmerie et les gardes champêtres de quelques départements voisins. Cependant un camp de conscrits avait été formé à Nîmes. Il se composait de quatorze mille hommes d'infanterie. Ces troupes furent dirigées sur Vienne, où elles stationnèrent plus de quinze jours. Elles partirent enfin pour Lyon, et le maréchal Augereau crut pouvoir prendre l'offensive. Le corps du général Bubna fut repoussé jusqu'à Lons-le-

Saunier; mais tout-à-coup la petite armée du maréchal fit un mouvement rétrograde, et vint reprendre ses positions sous les murs de Lyon. La cause de cette retraite s'explique par une détermination des souverains alliés, qui venaient d'organiser une armée dite *du Sud*, forte de soixante-et-dix mille hommes, compris la division du comte Bubna, qui devait s'y rallier. Cette armée, commandée par le prince héréditaire de Hesse-Hombourg, était en pleine marche sur Lyon, et le maréchal Augereau ne pouvait lui opposer une résistance sérieuse.

Pendant ce temps, le gouvernement impérial, qui avait le plus grand intérêt à ce que la ville de Lyon ne tombât pas au pouvoir de l'ennemi, et qui connaissait le mouvement du prince de Hesse-Hombourg, avait donné ordre à plusieurs divisions de notre armée d'Espagne de se porter à marche forcée sur Lyon.

Dans le midi, comme dans notre arrondissement, on avait organisé, dans tous les lieux d'étape, des réunions de quatre ou cinq cents voitures attelées, sur lesquelles l'infanterie était distribuée. Les habitants de Vienne, sachant que ces troupes ne devaient s'arrêter qu'à leur destination, s'empressaient de leur offrir des rafraîchissements, et cet exemple était suivi jusque dans les plus petits hameaux qui se trouvent sur la route de Lyon.

Le 20 mars 1814, à cinq heures du soir, nous fesions encore partir pour Lyon un bataillon de nos vieilles bandes d'Espagne. On entendait gronder le canon dans la direction de Lyon. Les soldats frémissaient de rage de ne pouvoir arriver à temps pour prendre part au combat. Quatorze mille hommes d'infanterie, de cavalerie ou d'artillerie détachés de nos armées d'Espagne se trouvaient alors sous le commandement du maréchal Augereau. Les quatorze mille conscrits du camp de Nîmes étaient tout-à-fait dévoués. Nous pensions qu'on avait armé une portion de la population de Lyon; nous savions qu'une forte division de corps francs avait été organisée dans les montagnes du Charolais, et inquiétait les communications de l'ennemi; enfin, on ne parlait qu'avec enthousiasme des étonnantes victoires que l'empereur remportait chaque jour dans sa fameuse campagne des environs de Paris.

Mais ce même jour, 20 mars 1814, qui ressemblait si peu au 20 mars 1811, un gendarme d'ordonnance apporta à la Sous-Préfecture la nouvelle que deux régiments de cavalerie légère ennemie avaient traversé le Rhône à Anthon, et qu'en conséquence la partie du canton de Meyzieux qui est au *nord-est* de Lyon, était déja occupée. A minuit, une estafette envoyée du quartier général de Lyon nous remit l'ordre de faire préparer de suite cent mille rations de vivres pour les troupes françaises, dont la retraite devait commencer le lendemain. Une plus longue illusion devenait impossible. Effectivement, nos troupes évacuèrent Lyon le 21 mars, et l'armée du prince de Hesse-Hombourg y entra le même jour.

Le Rhône était couvert de bateaux qui descendaient en Provence; la route était encombrée de voitures. C'est une chose terrible qu'une retraite dans son propre pays. L'armée française était de fort mauvaise humeur. Elle se croyait trahie, et je laisse à de plus habiles que moi à décider si elle avait raison. En attendant, elle traitait assez mal les lieux où elle passait, sous le prétexte d'ôter des ressources à l'ennemi.

Le même jour, 21 mars, le maréchal Augereau, le cardinal Fesch, M. de Saint-Vallier, commissaire extraordinaire dans la septième division militaire, Fouché, duc d'Otrante, se trouvèrent à Vienne. Le cardinal continua sa route par l'autre rive du Rhône. Les trois autres restèrent une portion de la journée à

Vienne, et s'accordèrent à représenter l'empereur comme étant sans ressources, et ne pouvant résister plus de huit jours. Effectivement, j'ai la persuasion que l'occupation de Lyon eut une immense influence sur la capitulation de Paris.

Les derniers soldats de l'armée française quittèrent Vienne le 23 mars, à cinq heures du matin. J'accompagnai jusqu'à la porte dite *d'Avignon* le sous-préfet, le receveur particulier, et d'autres fonctionnaires qui, d'après les instructions de l'empereur, ne pouvaient rester dans les pays conquis. Parmi ces fonctionnaires se trouvait le lieutenant Perrussel dont j'ai déja parlé. Il était si désolé d'abandonner sa femme et ses enfants, que je lui proposai de rester à Vienne en habit bourgeois. « Pardieu, me « répondit-il, voulez-vous que je coure le risque « de me *faire égorger la vie*. » J'avoue que je n'avais pas songé à ce risque, qui me parut si plaisamment exprimé, que je ne pus m'empêcher de rire, tout en me rendant à la porte dite *de Lyon*, pour recevoir l'avant-garde de l'armée du Sud, qui ne se fit pas attendre.

MADAME PERSIL.

Presque vis-à-vis de chez moi, dans la rue *Imbarde*, se trouve une maison dont le devant était alors occupé par M. Benatru, beau vieillard conservant encore quelques restes de l'appétit formidable qui l'avait distingué pendant longues années.

Le derrière de cette maison, cour entre deux, avait pour locataires trois anciennes religieuses qui, pour ajouter quelques ressources à la modique pension que leur payait le trésor public, tenaient une école de jeunes filles.

L'allée par laquelle on pénètre dans la cour, au milieu de deux parties de cette maison, qui appartient aujourd'hui à M. l'abbé Aupy, donne accès sur la rue *des Béates*.

Comme je venais de recevoir, concurremment avec les divers fonctionnaires de Vienne, l'avant-garde ennemie, qui ne fit que traverser la ville, j'aperçus dans la rue des Béates un groupe de femmes du quartier, rangées en cercle autour d'une figure longue, sèche, maigre, qui se démenait dans tous les sens. Au bandeau blanc et à la coiffe noire dont cette figure était surmontée, je reconnus Madame Persil, l'une des trois religieuses dont j'ai déja parlé. Elle pérorait avec une vivacité merveilleuse pour démontrer à son auditoire en plein vent que rien n'était plus heureux que la venue de nos *libérateurs* arrivés tout exprès et uniquement pour rétablir le trône légitime et les droits de l'autel. Elle recommandait de les recevoir avec des soins, des égards et une bienveillance proportionnée à la sainte mission dont ils avaient daigné se charger. Ils ne devaient montrer de la sévérité qu'envers les *bonapartistes*; mais ce seraient de vrais agneaux pour les *fidèles*, et Madame Persil se chargeait de désigner les personnes de la paroisse dignes de ce nom.

Cependant, et dès le milieu du jour, la ville commença à se remplir de soldats étrangers. On leur donnait des billets de logement chez les bourgeois, qui étaient obligés de les nourrir, et Dieu sait quels horribles mangeurs et buveurs étaient nos chers *libérateurs*! Il y en avait, sur le soir, environ huit mille établis dans les maisons particulières ; deux camps presque aussi nombreux avaient été formés au midi et au nord de la ville : le premier au *Champ-de-Mars*, et le second dans les prés de *Marc Abrey*. Des réquisitions furent envoyées à domicile pour qu'on eût à *porter* des vivres aux deux camps, et il n'y avait pas à hésiter une minute, car les réquisitions étaient accompagnées de soldats étrangers qui, pour la plupart, ne connaissaient que trois mots de notre langue, *tout de suite,* qu'ils prononçaient ainsi : *tout de souite.* Il fallait *porter* soi-même les vivres ; car ces Messieurs étaient trop bien élevés pour vouloir s'en charger. Il y eut bon nombre de personnes qui éprouvèrent dans les camps l'humiliation de tenir la bride des chevaux, tandis que nos *libérateurs* se fesaient un plaisir de prolonger leur repas autour des feux des bivouacs. Si vous ajoutez à ce tableau, qui est encore fort au dessous de la vérité, le plaisir d'être *empoigné* dans les rues pour servir de guide à des détachements ou à des patrouilles qui se rendaient dans les communes voisines, vous concevrez combien chacun désirait de rentrer dans son domicile, et d'y prendre du repos, ne fût-ce que sur une chaise. Je n'ai pas besoin de dire qu'aucune femme ne circulait dans les rues depuis midi.

A neuf heures du soir, tout était tranquille; on espérait que rien ne troublerait le calme de la nuit. *Libérateurs* et *libérés* s'étaient arrangés de leur mieux, quand tout-à-coup on entendit un bruit assourdissant de trompettes et de tambours. C'était le généralissime prince de Hesse-Hombourg qui fesait son entrée triomphante aux flambeaux. Il était accompagné d'un nombreux état-major et de six mille grenadiers hongrois. Le prince s'installa avec sa chancellerie chez M. Guilliermin, maire de Vienne, et il ordonna que les six mille grenadiers fussent logés chez les habitants, sans égard aux observations qui lui furent faites que déja les maisons étaient encombrées outre mesure.

Rien ne saurait peindre le tumulte de cette affreuse nuit. Une multitude de portes furent enfoncées. Dans l'intérieur de chaque maison il se passait des scènes désolantes; car les nouveaux venus voulaient boire et manger, et toutes les provisions avaient déja été dévorées. L'infernal *tout de souite* se fesait entendre de toute part.

Malgré l'énormité des charges qui pesaient

sur la ville, l'Administration locale avait eu la bienveillante attention de ne loger aucun étranger dans les pensionnats de jeunes filles; mais mon voisin, M. Benatru, qui avait déja dans son modeste appartement une huitaine de militaires, fut forcément désigné pour recevoir un supplément de six grenadiers hongrois. Ceux-ci frappèrent long-temps à la porte d'entrée sur la rue des Béates. Mon voisin était profondément endormi et ne fut réveillé que par de nouveaux chocs donnés à la porte et par des juremens d'une énergie à faire frissonner. Le *guide* appelait de toutes ses forces M. Benatru ; car on avait désigné, pour chaque quartier, un indicateur qui accompagnait les militaires jusqu'à leurs logements, et à qui, pour cette raison, on donnait la qualification de *guide*. Enfin, M. Benatru, tout-à-fait réveillé par son nom, que répétaient les Hongrois avec d'autant plus de fureur, qu'ils croyaient que c'était un jurement, ouvrit la porte d'allée, *dans le simple appareil d'une beauté qu'on vient d'arracher au sommeil.* Il reçut quelques bourrades, et nos Hongrois, entrant dans la cour, gagnèrent brusquement à droite, et s'introduisirent dans les chambres des religieuses, qui n'eurent que le temps de se sauver de leurs lits, et de gagner, avec leurs petites pensionnaires, un mauvais galetas où elles se barricadèrent.

Les Hongrois commencèrent par visiter les buffets. Ils avaient avec eux une vivandière, qui prit la peine d'ouvrir une commode appartenant à Madame Persil. Elle s'accommoda de quelques chemises, de quelques paires de bas et de souliers, que sans doute la bonne religieuse se serait empressée de lui offrir, à condition de se replacer dans son lit, où elle était si bien quelques moments auparavant; mais la vivandière s'y établit, tandis que les Hongrois se distribuaient les garde-paille et les matelas des autres lits, sur lesquels ils ne tardèrent pas à ronfler à qui mieux mieux.

Au reste, Madame Persil eut le temps de s'assurer qu'une invasion n'est jamais une chose agréable, même pour ceux qui la désirent comme un acheminement à la domination de leur parti; car ce ne fut que quelques jours après que l'ordre se rétablit un peu, et que le pensionnat de mes voisines fut débarrassé des *libérateurs* qui s'y étaient casés bon gré mal gré.

J'ai beaucoup connu d'officiers supérieurs étrangers pendant les deux invasions; j'ai vécu assez familièrement avec quelques-uns d'entre eux, et je n'en ai jamais vu un seul qui dissimulât son mépris et son dégoût, quand un Français s'avilissait jusqu'à se réjouir de l'intervention étrangère. Effectivement, lorsque la majorité domine, si la minorité devient turbulente, elle peut facilement être contenue, et, en admettant, ce qui n'est pas sans exemple, que cette minorité, servie par des circonstances imprévues ou par la faiblesse du gouvernement, réussisse à s'emparer du pouvoir, son règne ne sera qu'éphémère. Mais malheur au pays dont les dissensions intestines ne cessent pas dès l'instant où l'étranger le menace d'une intervention à main armée.

LE GÉNÉRAL BARON LEDERER.

L'avant-garde de l'armée du Sud était commandée par le baron de Lederer. Ce général s'arrêta à Vienne pendant quelques heures; il m'envoya l'ordre de remplir les fonctions de sous-préfet de l'arrondissement, sous peine d'exécution militaire.

Ne craignez pas que j'aille vous entretenir de mes faits et gestes pendant la durée de mon administration provisoire, qui, commencée le 23 mars, ne finit que le 6 juin, jour du départ de nos *libérateurs*. Du 23 mars au 11 avril, toute correspondance avec Grenoble et Paris fut interceptée, et je ne connaissais d'autres nouvelles que celles qu'il plaisait aux généraux autrichiens de me communiquer, et auxquelles, dans les circonstances, je n'ajoutais qu'une foi médiocre. Notre arrondissement souffrit horriblement, quoique les réquisitions ne portassent, ainsi que j'aurai occasion de l'expliquer plus particulièrement, que sur des denrées nécessaires à la nourriture des hommes et des chevaux. Nous eûmes, à la fin de mai, des communes où l'on coupa les seigles en herbe pour remplacer l'avoine, qui manquait absolument.

Je ne vous parlerai pas de mes veilles et de mes soucis. Je ne vous dirai pas qu'au péril de ma vie je sauvai le village d'Assieux : un colonel voulait le faire incendier parce qu'un de ses soldats avait été assassiné dans les bois qui avoisinent cette commune..... A quoi vous servirait de savoir que le 7 mai 1814 la ville me *cadoya* d'une écharpe d'honneur, que l'étoile de la Légion-d'Honneur fut sollicitée pour moi; et que cependant, quand le comte d'Artois passa à Vienne, dans le mois de septembre suivant, je ne fus pas jugé digne d'être compris dans le nombre des soixante ou quatre-vingts convives qui furent invités à sa table, ou à celle de ses officiers ? C'est qu'alors tous ceux qui avaient été employés sous l'empire et dont la concurrence pouvait être embarrassante, étaient exclus des réunions des *purs* comme *bonapartistes*.

Mais ce que je n'ai point oublié, et ce que

je me plairai toujours à proclamer, c'est que je ne fus fort qu'à cause de la confiance et de l'assistance de mes concitoyens, qui m'aidèrent à supporter un fardeau sous lequel il était difficile de ne pas succomber ; c'est que chacun s'empressa d'accepter une part du travail imposé par les circonstances, de sorte qu'il ne me resta que la haute administration proprement dite. J'obtins la conservation de notre garde nationale, qui rendit des services importants. Nos braves ouvriers furent embrigadés et servaient d'ordonnances pour le transport des dépêches dans les différentes communes de l'arrondissement, dont les maires se conduisirent admirablement, sauf à être évincés plus tard comme ayant été employés sous l'usurpateur. Car ce n'est pas d'aujourd'hui qu'existe, sous des formes et avec des dénominations différentes, la société *Ote-toi de là que je m'y mette* ; et sa tactique constante a été de chercher à faire classer par l'opinion publique, dans les rangs des vaincus, ceux dont elle désirait les places, ou dont elle redoutait la concurrence.

Nous voilà, je crois, bien loin du 23 mars 1814 ; mais je vous ai prévenus que j'aime les digressions. Cependant, pour ne pas me brouiller avec vous, je reviens à mes moutons.

A une lieue et demie au sud de Vienne, le long de la route de Lyon à Marseille, sur la commune de Reventin, existait encore, le 23 mars 1814, à huit heures du matin, un cabaret isolé tenu par un nommé Claude Moiroud. Ce cabaretier ne pouvait pas croire que l'arrière-garde française fût suivie d'aussi près par l'avant-garde autrichienne, de sorte qu'il était encore chez lui, avec sa femme et trois ou quatre enfants en bas âge, quand arrivèrent une douzaine de hussards étrangers... Mettre pied à terre, s'emparer de la maison, demander des rafraîchissements *tout de souite* pour eux et leurs chevaux, tout cela fut l'affaire d'une minute. Le pauvre Moiroud fut même battu, soit parce qu'il ne se pressait pas suffisamment, soit parce qu'il n'avait pas ou ne savait pas ce qu'on lui demandait. Cet homme naturellement violent se contint cependant tant que les coups ne tombèrent que sur lui; mais, voyant maltraiter sa femme, la patience lui échappa. Il saisit brusquement un fusil à deux coups, qu'il avait caché dans sa cheminée, et fit feu à bout portant sur deux de ceux qui battaient son épouse. L'un et l'autre restèrent sur le carreau.... Profitant du trouble inséparable d'un pareil événement, Moiroud se sauva par la croisée, se jeta dans un ravin qui de la grande route conduit dans les bois, et fut assez heureux pour échapper aux coups de carabine qui lui furent tirés. Cet homme ne reparut jamais dans le pays : quelques années après, on fut instruit qu'il venait de mourir en Italie.

Les hussards délibérèrent entre eux sur la vengeance à tirer du meurtre de leurs camarades. Les opinions les plus modérées tendaient à couper par morceaux la femme et les enfants de Moiroud, et à mettre le feu à la maison; mais, par un raffinement de cruauté, il fut convenu que les malheureux seraient brûlés vifs. En conséquence, toutes les issues de la maison furent bouchées ou barricadées; la femme Moiroud fut renfermée avec ses enfants dans sa cuisine; les hussards mirent le feu aux pailles et fourrages que renfermaient la grange et les écuries, entre lesquelles se trouvait la maison d'habitation, sans aucune séparation; certains d'avoir assuré leur atroce vengeance, ils reprirent leur route au galop, pour rattraper le temps perdu.

En ce même moment, le général baron de Lederer arrivait au haut de la rampe dite du *Grand-Pavé*. Il était accompagné de son état-major et de plusieurs escadrons de cavalerie.

Apercevant les signes d'un incendie à quelque distance, il piqua des deux, et arriva avec sa suite devant la maison de Moiroud, dont les deux côtés étaient en feu. De la partie intermédiaire, la seule qui, comme je l'ai dit, servît d'habitation, s'échappaient des cris perçants. Le général n'hésita pas à mettre pied à terre ; la porte de la cuisine, qui donnait sur la grande route fut enfoncée dans un instant, et l'on en retira la femme et les enfants de Moiroud à moitié suffoqués par la fumée. Ce qu'il y eut d'admirable dans la conduite du général, c'est que, lorsqu'il connut la mort de deux de ses éclaireurs, il n'en prit pas moins sous sa sauvegarde la famille de Moiroud, et ne s'éloigna que quand elle fut en lieu de sûreté. Quant à la maison, il était inutile de chercher à la sauver.

Pour moi, lorsque je connus ces événements, je pardonnai volontiers au général l'enlèvement qu'il avait fait une heure auparavant, à l'Hôtel-de-Ville de Vienne, d'une superbe et ancienne carte du Dauphiné, établie sur une si grande échelle, que tous les chemins et le moindre hameau y étaient indiqués. On verra que ce n'est pas sans raison que je mentionne ici cette circonstance, qui doit paraître futile.

PRISE DE MONTLÉANS,

ET AUTRES CHATEAUX FORTS DE L'ARRONDISSEMENT.

Lors de ma première visite au prince de Hesse-Hombourg, je l'entretins long-temps de la nécessité que j'eusse exclusivement le droit de faire, par moi ou par ceux des maires de l'arrondissement que je déléguerais à cet effet, les réquisitions nécessaires pour assurer la subsistance des troupes alliées; car si chaque capitaine continuait à faire lui-même violemment les approvisionnements de sa compagnie, l'arrondissement devait se trouver bien vite épuisé. Je lui adressai, dans la journée, un mémoire sur ce sujet, et si je n'obtins pas de suite l'autorisation que je sollicitais, ce fut parce que le généralissime ne voulait pas que je connusse les mouvements des troupes qu'il commandait.

Le 4 mai 1834, quatre curieux remontaient la jolie vallée de Saint-Marcel. Cette petite troupe se composait de M. Louis Perrin, imprimeur à Lyon, surnommé à juste titre le *Didot* de la province; de M. Pollet, architecte, connu par ses restaurations de plusieurs églises et autres monuments gothiques; de M. Joseph Bard, presque aussi célèbre par son antipathie pour les épiciers, les commis voyageurs, les commissaires priseurs et les greffiers, que par sa prose et ses poésies; et enfin de votre serviteur.

Nous suivîmes le ruisseau de Saint-Marcel jusque vis-à-vis de la jolie propriété de M. Gerin, avoué; de là nous nous rendîmes au domaine de *la Dartama*, et en passant à travers les champs, nous arrivâmes sur les bords d'un ravin escarpé au fond duquel coule le ruisseau de *Montléans*, qui se jette dans la Suse. C'est dans ce fond, et sur la rive droite du ruisseau, que se trouve le château de *Montléans*.

Je présume qu'il fut bâti vers la fin du treizième siècle. Il appartenait à la plus puissante famille de Vienne, celle des *Maugiron*. Ne craignez pas, au reste, que j'aille me rappeler que j'ai l'honneur d'appartenir à la *Société des Antiquaires de France*; je me contenterai de vous dire que ce château repose, du côté de l'ouest, sur des aiguilles de granit de soixante pieds d'élévation; qu'il fut démantelé sous Louis XIII; qu'il ne reste plus qu'une portion des murs d'enceinte, et une tour à l'angle nord-est, rendez-vous des chauves-souris du pays. Les ruines de *Montléans* sont remarquables à cause de leur situation dans un bas-fond. Elles sont infiniment moins considérables que celles de Fallavier, de Pinet, de Colombier, mais elles sont plus pittoresques...... Elles ont été dessinées maintes fois, et j'eus beau en faire l'observation à MM. Perrin et Pollet, le coup-d'œil de ces ruines leur parut si extraordinaire, si frappant, qu'il fallut leur passer la fantaisie d'en faire le croquis.

La relation de la suite de notre petite course m'éloignerait de mon sujet. Je sais seulement que MM. Pollet et Bard dissertèrent longuement sur les différences entre les styles d'architecture byzantine et gothique, et sur les dénominations nouvelles par lesquelles ils voulaient distinguer ces deux genres; mais ce que je ne dois pas taire, c'est qu'il n'existe plus aucun chemin qui de la Dartama conduise à Montléans, et qu'il faut se décider à y arriver à travers champs. La distance en partant de Vienne n'est que d'une petite lieue, et c'est un but de promenade fort agréable.

Ce même chemin, que nous parcourions avec gaité le 4 mai 1834, avait été suivi, le 24 mars 1814, avec une lenteur extrême, par une colonne autrichienne, dix pièces de canon de différents calibres, les caissons et tout l'attirail nécessaire à un siége régulier. Seulement comme la route de Saint-Marcel n'existait pas encore, et qu'on ne trouvait à sa place qu'un petit sentier impraticable pour les voitures, nos *libérateurs* s'étaient dirigés par le chemin de *Pipet*. Ils arrivèrent, par un vent du nord très froid, en face des ruines de Montléans, en même temps que d'autres troupes dirigées par Estrablin. Il est à présumer que peu de ces Messieurs se piquaient d'être *antiquaires* ou *paysagistes*; car leur désappointement fut complet... Ajoutez que, par un de ces changements de température assez communs dans nos pays, le vent du sud avait brusquement remplacé celui du nord; que le dégel fut subit, et que toute l'artillerie fut embourbée jusqu'aux essieux.

La même aventure, avec quelques accidents différents, se représenta sur cinq ou six points de l'arrondissement de Vienne; car les chemins qui conduisaient jadis aux châteaux forts du moyen âge, ont presque tous disparu complètement.

Montléans se trouve sur Jardin et à proximité de Saint-Sorlin, deux des plus pauvres communes de l'arrondissement. Les habitants, à l'approche des étrangers, s'étaient sauvés avec leurs bestiaux dans des ravins impénétrables, au milieu des bois qui couvrent le pays. Les cinq ou six mille hommes qui formaient l'armée destinée au siége de Montléans ne pouvaient trouver des vivres nulle part; car deux expéditions semblables avaient été dirigées sur les Côtes-d'Arey et la tour de Pinet, et il n'y avait pas possibilité d'y aller fourrager; il fallut conséquemment recourir au quartier-général, en attendant que des ordres supérieurs permissent d'abandonner une position si facile à enlever sans tant de fracas.

Ce ne fut que deux jours après que je connus la cause de tous ces mouvements. Le baron de Lederer avait envoyé au quartier général la fameuse carte du Dauphiné enlevée dans notre Hôtel-de-Ville. Cette carte, très détaillée, comme je l'ai dit, était fort ancienne, et le généralissime y trouvant l'indication de plusieurs châteaux forts, et craignant d'être inquiété sur ses flancs, avait pris les mesures nécessaires pour s'en emparer, sans se douter que le cardinal de Richelieu avait, depuis long-temps, fait traiter ces antiques manoirs de manière à ce qu'ils n'inquiétassent plus personne.

Ces petits mécomptes me valurent la confiance du généralissime, qui se décida enfin à me faire donner communication du mouvement des troupes assez à temps pour qu'il me fût possible d'assurer leur subsistance à leur passage, ou dans leurs stations; mais comme, sans doute, les soldats avaient eu froid dans leurs bivouacs de Montléans et autres lieux, Son Altesse m'adressa une réquisition de vingt mille aunes de draps à fournir par la ville de Vienne

LE PRINCE DE HESSE-HOMBOURG.

Je me garderai de vous entretenir de tous les généraux étrangers que j'eus l'honneur de voir pendant l'invasion de 1814. Les princes de la maison de Hesse-Darmstadt étaient, sans contredit, les plus élégants de ces généraux; mais leurs soldats, qui avaient fait partie des troupes de la confédération du Rhin, sous Napoléon, étaient les militaires les plus exigeants. Le général Bianchi, un des officiers supérieurs les plus renommés au service de l'Autriche, fit constamment rendre pleine et entière justice aux habitants.

Je ne vous parlerai pas du colonel de Galois, commandant le régiment des chevau-légers de Vincent, un des plus beaux hommes de l'armée du Sud, ni de M. de Flines, major du même régiment, qui commanda pendant toute l'invasion dans la ville de Vienne. Je n'aurais que du bien à vous raconter de l'un et de l'autre; cependant ce sont les deux officiers que nous vîmes partir avec le plus de satisfaction : car leur régiment formait l'arrière-garde, lorsqu'il plut à nos *libérateurs* de retourner chez eux.

Mon intention est de vous dire un mot sur le prince de Hesse-Hombourg.

Frédéric-Joseph-Louis, prince héréditaire de Hesse-Hombourg, général de cavalerie, commandant de l'armée du Sud, était alors âgé d'une quarantaine d'années; c'était un homme de taille moyenne, portant de petites moustaches rousses, et se donnant parfois une peine effroyable pour paraître méchant; je l'ai vu, dans cet état, lorsque je refusai de prêter certain serment exigé des fonctionnaires français; cependant, et même alors, je pus facilement démêler dans ses traits que la bonté était le fond de son caractère. Il comprenait parfaitement la langue française et la parlait avec assez de facilité. J'ai toujours été en faveur auprès de ce prince, et je crois pouvoir affirmer que c'était parce que, soit dans la conversation, soit dans la correspondance très suivie que j'ai eue avec lui, je ne m'étais jamais écarté des formes de politesse prescrites par le protocole le plus exact. En général, les grands seigneurs se familiarisent parfois avec ceux qu'ils regardent comme leurs inférieurs; mais si ces derniers abusent de cette circonstance pour prendre un ton d'égalité, tout est rompu, et ils doivent s'attendre à être tenus à une distance qu'ils ont eu la maladresse d'essayer de franchir, quand les positions sociales n'étaient pas les mêmes. Ces principes n'excluent ni le courage de la résistance, lorsqu'elle est nécessaire, ni la fermeté d'ame dans les occasions difficiles; car on peut montrer à la fois beaucoup de caractère et beaucoup de politesse.

Dans la matinée du 27 mars, j'allai rendre une visite au prince. « Savez-vous, Monsieur « le Sous-Préfet, me dit-il, que mes troupes sont « entrées ce matin dans Valence ?

« — Tant mieux, Monseigneur »! lui répondis-je, sans hésiter, quoique bien assuré que la nouvelle était fausse.

« — Comment, tant mieux !

« — Sûrement, tant mieux ; car plus les trou« pes de Votre Altesse se répandront au loin, « moins j'en aurai à nourrir. »

Il se mit à rire. — « Et ajoutez: à équiper,
« car Vienne est une ville de fabrique.

« — C'est vrai, Monseigneur, et vous m'avez
« donné hier la preuve que Votre Altesse ne
« l'ignore pas. Je vous avouerai même que j'é-
« tais fort embarrassé pour satisfaire à votre de-
« mande; car la laine et l'huile manquaient
« pour faire confectionner les draps que vous
« avez requis. Mais à présent que vous voilà
« maître de Valence, vous me ferez fournir ces
« deux objets essentiels. J'ai sur les bras quatre
« mille ouvriers sans travail; les métiers sont
« prêts; je crois que les teinturiers ont dans
« leurs ateliers les drogues nécessaires. Avec des
« laines et de l'huile tirées de Valence et de la
« Provence, où vous serez sans doute bientôt,
« je puis vous fournir vingt mille aunes de drap,
« dans un mois au plus tard.

« —Mais il ne s'agit pas de cela, c'est du drap
« tout prêt que j'ai demandé.

« — Monseigneur, vous n'en trouveriez pas
« une aune dans toute la ville. Depuis trois
« mois, nos manufactures ne travaillaient plus
« que pour l'équipement des soldats français, et
« tout a été enlevé à mesure de fabrication. »

Il y avait un fond de vérité dans mon affir-
mation. Une partie de nos manufactures avait

été réellement occupée à confectionner des draps pour l'habillement des troupes; d'un autre côté, le petit mensonge de Son Altesse sur la prise de Valence m'avait encouragé à broder un peu mes offres de service.

Le prince me regarda fixement après ma réponse, et répéta plusieurs fois : — « *Comment, « pas une aune de drap dans Vienne ?* »

Dans la journée, plusieurs officiers se présentèrent chez une foule de fabricants pour acheter du drap, n'importait la couleur, et ils avaient grand soin d'étaler des écus pour prouver qu'ils voulaient payer comptant; mais partout la réponse fut uniforme: *il ne restait plus de draps dans Vienne; l'empereur avait fait tout enlever.*

On conçoit que j'avais agi dès la veille. Toutes les draperies furent soigneusement cachées aussitôt que l'entrée des étrangers à Vienne avait été reconnue inévitable; mais, me doutant des mesures que pourrait entraîner mon refus de fournir les étoffes requises, j'avais envoyé, dans la nuit, une douzaine d'ouvriers intelligents chez les fabricants et les débitants de draps, et l'on se conforma d'autant plus religieusement au mot d'ordre donné, que chacun était sûr d'agir dans son intérêt. Cependant cette affaire me laissait des inquiétudes, car le hasard pouvait faire découvrir quelques-unes des cachettes de draps. A la vérité, je n'avais pas à craindre des visites domiciliaires : je m'étais déja aperçu que des ordres sévères étaient donnés pour éviter tout ce qui aurait pu trop irriter les populations, déja mal disposées. Il existait parmi les soldats de l'armée du Sud une opinion fixe : c'est qu'ils étaient trahis, ou que nous l'étions nous-mêmes. De là des ménagements et des tâtonnements qui s'expliquent par les circonstances. Dans le fait, et en cas d'une grande victoire sur les troupes alliées du côté de Paris, l'armée du Sud était gravement compromise. Le maréchal Augereau occupait la rive gauche de l'Isère, et son armée pouvait s'augmenter d'un moment à l'autre, soit à l'aide de nouveaux renforts tirés de nos troupes d'Espagne, soit simplement en fesant un appel aux hommes de bonne volonté du Bas-Dauphiné, de la Provence et de l'Auvergne. Pendant ce temps notre armée d'Italie, commandée par le brave général Grenier, descendait les Alpes. Des corps francs s'organisaient dans le Charolais, et en cas d'une retraite forcée de l'armée du Sud, toute la population du Lyonnais, de la Bresse, du Bugey et de la Franche-Comté se serait levée en masse. Quant à nos paysans, tous avaient eu grand soin de cacher leurs fusils de chasse et des munitions, avec l'espérance d'en faire usage pour se débarrasser de leurs *libérateurs*.

Les généraux de l'armée du Sud connaissaient si bien le danger de leur position, que leur joie fut sans égale lorsqu'ils apprirent la capitulation de Paris. Tous les officiers s'embrassaient dans les rues comme gens qui avaient échappé à un grand danger. Les mouchoirs blancs au bras gauche commencèrent à apparaître; les exigences devinrent plus fortes à mesure que la restauration s'avançait, et ce fut au moment où nos *libérateurs* consentirent à n'être plus que nos *alliés*, et arborèrent la cocarde blanche, que les fonctionnaires civils eurent besoin de redoubler d'énergie pour sauver le pays des réquisitions de toute nature dont on l'accablait. La comédie était jouée; la France était conquise dans toute l'acception du terme, et les ménagements devenaient inutiles.

Ma plume est allée plus vite que les événements; mon habitude est de la laisser courir à sa fantaisie. Cependant je me souviens que nous en étions au 27 mars, et que je vous parlais du prince de Hesse-Hombourg.

Une des plus grandes plaies qui puissent peser sur un pays envahi, c'est la queue de l'armée envahissante, qui se compose de vagabonds, de gens sans aveu, et de femmes de mauvaise vie. L'armée du Sud était suivie par une multitude de cette nature qui commettait toute espèce d'exactions dans le pays.

Sur la plainte écrite que je portai au prince de Hesse-Hombourg, il me répondit une lettre de laquelle j'extrais mot à mot ce qui suit :

« J'ai reçu la lettre par laquelle vous m'an-
« noncez qu'il y a des mauvais sujets qui se
« mettent à la suite de notre armée pour piller
« les habitants isolés. Je vous ordonne de veiller
« sur ces brigands, et de les faire arrêter ; ils
« seront *pendus* de suite, surtout quand on les
« trouvera les armes à la main. »

Je ne fis *pendre* personne, mais je fis arrêter beaucoup d'individus que je mettais à la disposition de M. le major de Flines, commandant de la place, en même temps que les procès-verbaux constatant les délits dont ils s'étaient rendus coupables. La justice expéditive de M. le major nous débarrassa bien vite de ce fléau. L'interrogatoire était constamment précédé d'une bastonnade, et deux ou trois jours après l'individu mâle ou femelle était dirigé, la chaîne au cou, hors de nos frontières. J'avoue que quelques Français furent saisis parmi les délinquants, et que je jugeai inutile d'intervenir pour arrêter la méthode sommaire de M. le Major, qui produisit le meilleur effet.

Lorsqu'un détachement des troupes ennemies se présenta devant Romans, il y eut une échauffourée et quelques coups de fusil tirés de part et d'autre. Une vingtaine de blessés autrichiens furent amenés dans notre hospice; nos médecins et chirurgiens leur donnèrent les plus grands soins, ainsi qu'aux malades étrangers. Je ne négligeai point cette occasion de faire ma cour au prince, et je n'ai pas besoin d'expliquer que ce n'était pas dans mon intérêt.

Le prince me répondit :

« Monsieur le Sous-Préfet, j'ai reçu vos deux « lettres par lesquelles vous m'annoncez que « nos blessés sont traités avec le plus grand soin, « ce qui me fait un sensible plaisir. Je vous pro- « mets en conséquence une protection spéciale « pour votre arrondissement. »

C'était là tout ce que je désirais.

UNE VISITE.

Les bureaux de la Sous-Préfecture étaient occupés par les principaux habitants de Vienne, qui, à ma prière, avaient consenti, ainsi que je l'ai dit, à se charger d'une foule de détails qu'il m'eût été impossible de suivre. C'était donc dans ma maison qu'était établi le siége de l'Administration supérieure. Mon cabinet avait été converti en corps-de-garde, et mon salon servait à la fois de bureau et de pièce à recevoir. J'avais laissé à la disposition de mes collaborateurs tous les employés de la Sous-Préfecture, à l'exception du brave M. Guesdron qui prit une bonne part de mes sollicitudes administratives.

Mon corps-de-garde se composait de deux ou trois citoyens de notre milice urbaine, qui, dans le jour, étaient remplacés toutes les deux heures par d'autres gardes nationaux pris au poste de l'Hôtel-de-Ville; mais dès que la nuit arrivait, le remplacement ne s'effectuait plus que le lendemain matin, et les hommes de service avaient pour consigne de me faire réveiller, dans le cas où un événement imprévu aurait nécessité de promptes mesures. Je me rappelle avec plaisir que mes concitoyens ne demandaient pas mieux que d'être désignés pour occuper le poste militaire dont je ne pouvais me passer.

Le major de Flines m'envoyait tous les matins, à huit heures, un maréchal-des-logis de son régiment. Ce militaire était de Luxembourg; il parlait très bien français, et connaissait presque toutes les langues du nord. Je l'employais comme médiateur dans les fréquentes discussions qui s'élevaient entre les citoyens et les militaires étrangers; et par son inébranlable fermeté il savait remettre chacun à sa place. Il est inouï combien de services ce brave homme nous rendit, et j'ai un véritable regret d'avoir oublié son nom.

Je savais qu'il était marié et très attaché à sa femme, dont il me parlait souvent. Le 5 juin 1814, veille du départ du régiment des chevau-légers de Vincent, arrière-garde de l'armée du

Sud, nous réunîmes à l'Hôtel-de-Ville tous les officiers de ce régiment ; et là, en présence des principaux habitants de Vienne, M. Guilliermin, maire de la ville, après des adieux bien sincères au corps d'officiers, remit au maréchal-des-logis une jolie petite boîte dans laquelle était une chaîne pour femme, en or, à huit rangs fixés par une large plaque de même métal, sur laquelle on lisait l'inscription suivante :

A. . . . . . .
Maréchal-des-logis dans le régiment
des chevau-légers de Vincent.
LA VILLE DE VIENNE RECONNAISSANTE.

Le secret de ce petit cadeau n'était connu que du colonel de Gallois, du major de Flines, de M. Guilliermin et de moi. Je n'ai jamais vu une joie plus vive et plus expansive que celle de ce brave maréchal-des-logis : il pleurait, riait et faisait à la fois des gambades ; il embrassait tout le monde, et ne pouvait que répéter : *Ah! ma pauvre femme! qu'elle va être heureuse!.... Personne ne pourra dire que la chaîne dont elle se parera provienne de rapines!!!*

A présent que vous avez fait connaissance

avec mon corps-de-garde, figurez-vous qu'un mouvement inusité s'y fit entendre le 29 mars, à dix heures du matin. Les gardes nationaux venaient de porter et de présenter les armes ; mon maréchal-des-logis des chevau-légers de Vincent accourut dans mon salon-bureau, et m'annonça *un Monseigneur*.

Effectivement je vis entrer un personnage dans un costume semi-ecclésiastique et semi-séculier, couvert de crachats et de décorations. J'aurais hésité à le reconnaître, moi qui l'avais toujours vu en simple frac de couleur brune, si je n'eusse aperçu en arrière la figure du vénérable don Miquel..... C'était le seigneur d'Azara, avec tous les insignes d'un grand d'Espagne de première classe, l'ordre papal de l'Éperon-d'Or, etc.

Après les compliments d'usage, Son Éminence m'informa que les troupes alliées s'étaient emparées de Pierre-Châtel ; que tous les prisonniers d'état étrangers avaient été mis en liberté, et que là il lui aurait été facile d'obtenir un passeport pour Rome, mais qu'elle aurait cru manquer à la reconnaissance, si, avant de quitter la France, elle n'avait fait une visite aux braves habitants de Vienne, qui lui avaient témoigné tant de bienveillance pendant son exil. Elle termina par m'annoncer qu'elle comptait sur moi à l'effet de lui faire obtenir à Vienne les papiers nécessaires pour se rendre en toute sécurité dans la capitale du monde chrétien.

Le respectable don Miquel me fit mille amitiés. Il avait profité du temps de sa captivité volontaire pour apprendre notre langue.... Il tira plusieurs fois certain cahier de la poche de son habit, en me disant, en riant, et en me serrant la main avec affection: «Monsieur le Sous-Préfet, « *ceci est ma confession*..... — Je crains bien, « lui répondis-je, que depuis que nous ne nous « sommes vus vous n'ayez pas eu de gros péchés « à y ajouter. »

J'appris au seigneur Bardaxi d'Azara que le seigneur Gardoqui avait déménagé tout doucement, et sans aucun empêchement, à l'annonce de la prise de Lyon. Nous nous rendîmes ensuite chez le prince de Hesse-Hombourg; mais, pour cette fois, moi qui entrais chez Son Altesse sans cérémonie, je crus devoir faire un peu de fracas. Je fis annoncer Son Éminence Monseigneur d'Azara, grand d'Espagne de première classe, auditeur au tribunal supérieur de la Rote, et M. le Sous-Préfet de Vienne.

La conférence entre les deux grands personnages fut marquée au coin de la plus exquise politesse. Quand le seigneur d'Azara annonça au prince qu'il était resté à Vienne prisonnier d'état pendant plusieurs années, il s'établit entre eux le colloque ci-après :

« Et, Monseigneur, comment les habitants de
« cette ville se sont-ils conduits envers vous?

« — Monseigneur, de telle manière que j'au-
« rai toujours le regret de ne pas devenir assez
« puissant pour leur témoigner, à grands et pe-
« tits, toute ma reconnaissance.

« — Les passeports de Votre Éminence seront
« prêts à sa volonté; qu'elle parte tranquille : je
« me charge d'acquitter une portion de sa dette.

« — Votre Altesse ne pouvait me donner une
« marque de bienveillance à laquelle je fusse
« plus sensible, et je l'en remercie. »

Le lendemain le seigneur d'Azara partait pour Rome, et les Viennois savent si l'un d'eux s'est adressé à Son Éminence sans en recevoir prompte et satisfaisante réponse.

Le soir même, le prince de Hesse-Hombourg me fit appeler, et me remit un ordre secret par lequel j'étais autorisé à ne satisfaire à aucune réquisition qui n'aurait pas rapport à la nourriture ou au transport des troupes alliées.

« Monseigneur, lui demandai-je, je pense

« que les vingt mille aunes de draps sont com-
« prises dans l'exception.

« — Oui », me répondit-il, en riant.

Le Prince partit pour Champier la même nuit, et personne plus que moi ne peut lui rendre la justice que, fidèle à sa promesse de protection spéciale pour notre arrondissement, aucune sollicitation ne put le déterminer, même dans la seconde quinzaine d'avril, à révoquer l'ordre secret qui, entre mes mains, fut un talisman pour empêcher une foule de réquisitions onéreuses, et principalement l'enlèvement des morceaux les plus précieux de notre Musée.

FIN.

www.ingramcontent.com/pod-product-compliance
Lightning Source LLC
LaVergne TN
LVHW021735080426
835510LV00010B/1268